JEANNE D'ARC

CHAMPENOISE ET NON PAS LORRAINE.

MÉMOIRE

LU AU CONGRÈS SCIENTIFIQUE DE FRANCE,

DANS SA XVIIIe SESSION,

TENUE A ORLÉANS, EN SEPTEMBRE 1851,

Par F.-A. PERNOT,

Artiste peintre, chevalier de la Légion-d'Honneur,
membre de plusieurs Académies et Sociétés archéologiques et savantes, correspondant
du Comité des Arts et Monuments près le Ministre de l'Instruction publique, etc., etc.

A ORLÉANS,
DE L'IMPRIMERIE D'ALEX. JACOB,
RUE SAINT-SAUVEUR, 34.

1852.

JEANNE D'ARC

CHAMPENOISE ET NON PAS LORRAINE.

> Il y a dans l'histoire conduite jusqu'à nos jours de grandes erreurs à dissiper, de grandes vérités à établir, de grandes justices à faire.
> (CHATEAUBRIAND, *Études historiques*).

MESSIEURS,

Rappeler solennellement le souvenir de Jeanne d'Arc sur le théâtre d'un de ses plus grands exploits, de Jeanne, cette héroïne, cette martyre qui montra des vertus et un courage surnaturels, puisés dans le plus pur patriotisme et la croyance la plus sincère en notre vraie et sainte religion, c'est un moyen sûr d'intéresser le Congrès et tout ce qui respire noblement dans la ville si historique qui porte le beau nom d'Orléans.

Qu'il me soit permis, tout en approuvant du fond de mon âme l'idée de la question du programme (1), de témoigner cependant un désir : j'aurais voulu d'abord plus d'une question sur ce beau

---

(1) TEXTE DU PROGRAMME : Faire connaître et apprécier les œuvres littéraires et artistiques inspirées par Jeanne d'Arc. *(14ᵉ question de la 5ᵉ Section.)*

et grand sujet. Cette figure de Jeanne, si connue historiquement sous le nom de *Pucelle d'Orléans*, doit tout dominer ici; c'est ici et au moment du Congrès qu'il faut faire cesser ces erreurs, ces incertitudes dont l'histoire nationale est souvent entachée.

Je ne viens pas cependant faire de panégyrique : des plumes éloquentes s'en sont chargées (1) depuis long-temps et s'en chargeront encore dans cette ville même ; je ne ferai pas non plus la *nomenclature* sèche, louangeuse ou critique de tous les ouvrages littéraires et artistiques inspirés par Jeanne d'Arc ; leur nombre est immense, puisqu'ils approchent le chiffre de quatre cents, si l'on y comprend les œuvres partielles de ceux qui célébrèrent, soit en prose, soit en vers, le grand événement qui donna tout-à-coup à la patrie l'héroïne française, l'austère fille qui, à l'âge de dix-neuf ans, sacrifia sa vie pour sauver son pays et son roi.

Honneur donc à ces nombreux auteurs qui ont eu assez d'amour de leur histoire nationale, à différentes époques, depuis le XVe siècle, pour comprendre le patriotisme si dévoué de Jeanne, cette fille des champs, à laquelle on peut bien appliquer ces belles paroles : *Virtute firmata Dei*... (2) ! et honte, oui, honte à un seul homme.... j'aurais dit à un des grands génies de notre nation, s'il ne l'avait profané son génie, par la production littéraire la plus anti-française, la plus indigne, la plus injuste et même la plus impolitique du monde !

Mais ne faisons point de récrimination.... les temps ne se ressemblent plus : nous adorons aujourd'hui ce que nous voulions briser hier, et nous devons cette heureuse et pacifique révolution à l'étude archéologique que les Congrès répandent, à la conscience patriotique et à la passion pour la vérité.

---

(1) On remarqua surtout à différentes époques : 1° le *panégyrique* prononcé par Mgr Parisis, ancien évêque de Langres et actuellement d'Arras, en 1827 ; 2° celui de Mgr Frayssinous, évêque d'Hermopolis, en 1819 ; 3° celui de Mgr Feutrier, évêque de Beauvais, en 1821 ; 4° celui de M. Lecourtier, chanoine honoraire de Paris, en 1850, et celui de M. Deguerry, Curé de la Madeleine.

(2) forte de la force de Dieu, devise héraldique de la famille de Jeanne d'Arc qui fut anoblie.

Ce succès, Messieurs, peut s'expliquer par l'intérêt qui se rattache à tout ce qui est grand et à tout ce qu'inspire l'histoire, à la poésie, aux monuments enfantés par les arts, au souvenir de cette France, admirable domaine où se trouvent les plus belles ruines et les plus nobles intelligences, les plus généreux courages et les plus beaux exemples.

Aussi, Messieurs, je puis répéter avec quelque justesse ce que je disais dans une des cités les plus voisines qui, comme Orléans, a eu l'honneur, il y a quatre ans, d'avoir une réunion semblable à celle-ci. En 1847, je disais, à Tours :

« Le culte des temps anciens (1) a fait un pas immense depuis
« la fondation des Congrès scientifiques ; c'est un des bienfaits
« que ces grandes réunions portent avec elles et répandent si
« glorieusement pour notre époque. Nulle part les souvenirs his-
« toriques qu'on aime à évoquer dans son imagination, je ne dirai
« pas de poète seulement, d'artiste ou d'antiquaire, mais de Fran-
« çais ; nulle part ces souvenirs ne sont plus palpitants, plus
« curieux que dans cette ville de Tours, qui se serait mon-
« trée, j'ose le dire, inattentive, ingrate même, en répudiant un
« passé entouré d'une auréole de gloire, si, en un mot, on eût
« oublié Louis XI et son époque. »

Il en eût été de même aussi pour Orléans, si le grand nom de Jeanne d'Arc, la vierge austère, ne s'était pas trouvé, au moins une fois, dans le programme de son Congrès.

Qui oserait nier maintenant que celle qui reçut le beau nom de *Pucelle d'Orléans* est une des plus grandes et des plus belles figures de nos annales, cette jeune héroïne qui releva la France abattue sous les coups de l'envieuse Angleterre et qui eut pour récompense les tourments d'une longue prison, puis la mort.... la mort la plus cruelle, celle du bûcher ? A-t-elle été assez vengée de l'ingratitude momentanée de son époque et des siècles suivants, et les travaux des historiens, des poètes, des artistes

---

(1) Fragment d'un mémoire lu au Congrès de Tours sur cette question : *Le caractère politique de Louis XI a-t-il été jusqu'à ce jour apprécié par les historiens ?*

plus ou moins inspirés, sont-ils en harmonie avec l'état actuel de notre littérature, de nos beaux-arts et du goût archéologique de notre époque ? Voilà la question qu'on ne peut s'empêcher de se faire quand on évoque ces souvenirs dans la ville même qui les a si religieusement conservés depuis 1429.

« Pour ne parler, dit le dernier auteur (1) qui s'est occupé
« avec bonheur et talent de Jeanne d'Arc, pour ne parler que
« des historiens Symphorien Guyon, Lenglet du Fresnoy, Le-
« maire, Edmond Richer, Chaussart, Bryat Saint-Prix, Roy,
« Alexandre Dumas et tant d'autres..., ils ont tellement vieilli,
« ou restreint, ou brodé la matière, que ce n'est plus là qu'on
« peut aller chercher la véritable histoire de l'héroïne de Dom-
« rémy. Gœrrhés, Allemand, ferait exception ; mais il n'a ni
« la physionomie française, ni la couleur locale. Lebrun des
« Charmettes serait, sans contredit, le meilleur de tous, s'il était
« moins long et moins diffus ; d'ailleurs il n'a pu profiter des
« découvertes que l'on a faites depuis sa publication ; il n'a
« connu ni Jean Rogier, ni Perceval de Cagny, qui jettent un si
« grand jour sur les événements qui ont précédé et suivi le
« sacre de Charles VII, ni Thomassin, ni Pie II, ni une foule de
« chroniqueurs contemporains (2). »

Pourquoi, Messieurs, ne peut-on pas trouver dans tous ces travaux, très-intéressants, du reste, la couleur locale qui est si nécessaire à la vérité ? C'est que pendant trop long-temps on méprisa ces matériaux si précieux que renfermaient des chroniques appréciées aujourd'hui et qu'à de certaines époques on nommait *barbares* ou *inintelligibles*. « On croyait tout dit quand on laissait
« tomber (il y a encore peu de temps) du haut d'une prétendue

---

(1) M. l'abbé Barthélemy de Beauregard, chanoine honoraire de Reims, *Histoire de Jeanne d'Arc, d'après les chroniques contemporaines*, etc.

(2) Un des meilleurs ouvrages et des plus complets, sans contredit, est celui de feu M. Jollois, ancien ingénieur en chef, qui fut chargé du *monument* élevé à Domremy, et de la restauration de la maison où naquit la Pucelle d'Orléans.

« grandeur, sur le moyen-âge, ces mots stéréotypés : *Ignorance*
« et *superstition.* »

Pour ces œuvres qui nous occupent, il faut que l'historien ait foi en lui-même; il faut qu'il croie à la mission qu'il se donne pour instruire les peuples; il faut, en un mot, avoir à un haut degré cet esprit vraiment national qui assure l'effet que produit une grande chose sur les masses.

Mais, plus inspirés des beautés peu constestables, il est vrai, de l'histoire des Grecs et des Romains, on oubliait celles qui sont si sublimes du pays qui nous vit naître.

Ainsi des siècles historiques s'écoulèrent pendant lesquels, malgré quelques efforts honorables, rien n'était devenu populaire pour la noble fille qui avait ceint la triple couronne du martyre, de la victoire et de la virginité.

Nous venons de le dire, le goût archéologique n'avait pas encore surgi, et quoique celle qui délivra Orléans portât un de ces noms qu'on ne peut prononcer sans réveiller les plus grands, les plus nobles souvenirs, quoiqu'elle eût conquis une renommée impérissable comme celle de la Grèce et de Rome, que l'on aimait tant, le temps n'était pas arrivé pour comprendre ni sa mission, ni son passage, ni ce qu'elle était venue faire en si peu de jours (1). Cette époque si poétique du XVe siècle, oubliée, méprisée, remplacée tout-à-coup par l'engouement mythologique du XVIe siècle, était pour les fanatiques de l'antiquité *un livre fermé.*

Avant d'entrer dans le récit de quelques faits principaux et du plus grand intérêt, il est indispensable, Messieurs, de faire cesser d'abord cette erreur si répandue, qui fait croire que Jeanne d'Arc était *Lorraine* et qu'elle était née à Vaucouleurs.

Permettez-moi donc quelques citations que nous réfuterons avec des documents plus authentiques que des vers plus ou moins bien faits.

Voici un vieil auteur qui dit dans son naïf langage :

(1) Tout se fit en six jours, le 8 mai 1429 était un dimanche; le lendemain de la bataille le siége fut levé par les Anglais.

En ceste saison de douleur
Vint au roy une bergerette
Du villaige de *Vaucoulleur*
Qu'on nommait Jehanne la Pucelle (1).

Un autre s'écrie :

Dites moi où ne quel pays
Est Flora la belle romaine?...
Où est la très-sage Héloïs,
La reine Blanche comme un lys,
Qui chantoit à voix de sereine....
Et Jehanne *la bonne Lorraine*
Que Angloys bruslèrent à Rouen?
Où sont-ils, vierge souveraine?
Où sont les neiges d'Autan (2).

Un historien s'écrie aussi :

« Jeanne de *Vaucouleurs*..., généreuse fille, noble héroïne,
« être magnanime et dévoué! où sont les autels élevés à ta
« mémoire (3)? »

Deux poètes, à la vérité, moins forcés qu'un historien à être dans le vrai, disent :

S'il est un noble nom qui soit cher à la France,
Et qui fasse au pays un éternel honneur,
C'est celui de l'enfant dont le glaive vainqueur
Brisa de l'étranger l'orgueilleuse puissance.
Lorraine aux brunes mains, aux traits pleins d'innocence.
Qui fis si grande chose avec tant de candeur (4).

Enfin, on trouva un jour dans cette ville les vers suivants que

---

(1) *Comment la Pucelle vint devant le Roy*... Pièce de vers du temps.
(2) Villon, poète français.
(3) Grille, *Introduction aux Mémoires de la Révolution française, etc.*, 1825.
(4) Auguste Barbier.

je me plais à vous redire ; ils étaient tracés au crayon et attachés au bas de la statue élevée sur la principale place d'Orléans :

> *Vierge de Vaucouleurs*, dont le dieu des combats,
> Pour sauver ma patrie, armait jadis le bras,
> Vainqueur du fier Breton, Jehanne, je te salue !
> Étranger dans ces murs, au pied de ta statue
> J'ai crayonné mon nom et béni tes hauts faits :
> Ce tribut te plaira, c'est celui des Français (1).

Il serait trop long, Messieurs, de faire ici toutes les citations à notre connaissance, entachées de cette erreur de croire Jeanne d'Arc *Lorraine* et née à *Vaucouleurs*. Voici la vérité :

Jeanne naquit en 1410; son père, né à Ceffonds, près de Montier-en-Der, se nommait Jacques d'Arc, et sa mère Isabelle Romée. Ils étaient de pauvres paysans cultivateurs, craignant Dieu, aimant la France et ne pouvant supporter les Bourguignons et les Anglais, causes à cette époque des malheurs de la patrie; ils habitaient Domremy (2), hameau séparé par un faible intervalle du village de Greux et dépendant de la prévôté d'Andelot, du bailliage de Chaumont-en-Bassigny, de l'élection de Langres.

La paroisse de Domrémy était soumise, quant au spirituel, au diocèse de Toul, dont la juridiction ecclésiastique seulement s'étendait sur Vaucouleurs et quelques autres endroits de la Champagne; voilà en partie d'où est venue l'erreur que nous venons de signaler. Mais, ainsi que Greux, Vaucouleurs, Andelot, Chaumont et Langres, Domremy ne faisait pas moins partie de cette province de Champagne oubliée par les historiens et les biographes. « Dès l'an 1335, c'est-à-dire près d'un siècle avant
« la naissance de Jeanne, la seigneurerie de Vaucouleurs, dans
« laquelle était compris Greux et Domremy, avait été achetée à
« Jean de Joinville par Philippe de Valois, et en 1365,

(1) IVEL, 1825.
(2) Domremy-sur-Meuse se trouve dans la liste alphabétique des villes, bourgs et villages régis par la coutume de Chaumont et le bailliage de Langres; il en est de même pour Greux et Vaucouleurs.

« Charles V l'avait de nouveau unie à la couronne et attachée
« au gouvernement de la Champagne. C'est un fait établi par
« l'histoire, et il suffit de consulter toutes les cartes géogra-
« phiques de l'ancienne France pour s'en convaincre (1). »

Ce pays était sur les *marches* (vieux mot qui veut dire fron-
tières) de la Bourgogne, de la Lorraine et de la Champagne (2).
Jeanne, en allant à Reims avec le roi et en passant dans sa province, disait : « Voicy un bon peuple... plust à Dieu que je fusse
« assez heureuse pour estre ensevelie dans ceste terre de Cham-
« paigne! » C'était un désir bien simple et bien patriotique...
Hélas! elle était loin, dans ce moment, de prévoir ses malheurs.

Écoutez maintenant un fragment de son interrogatoire, au
moment de son injuste procès.

Requise par l'évêque de Beauvais de dire la vérité, il lui parle
en ces termes :

Demande. Dites vos noms et surnoms?

Réponse. Jeannette on m'appelait dans mon pays ; Jeanne on
m'appela depuis que je suis venue en France ; de mon surnom
je ne sçais.

D. Où êtes-vous née?

R. Au village de Domremy qui ne fait qu'un avec le village de
Greux.

D. Quel est votre âge?

R. Presque dix-neuf ans, me semble.

D. Que savez-vous de votre religion?

R. J'ai appris de ma mère *Pater noster, Ave Maria, Credo,*
et n'ai rien appris que d'elle touchant ma créance.

D. Récitez le *Pater noster* devant nous?

---

(1) M. DE MOUTROL, *Histoire abrégée de Champagne*.

(2) Voici un passage curieux d'un historien ancien et estimé qui se
trompe sur plusieurs points ; il dit : « Advint au roy en 1427, en son
« camp, une pucelle du nom de Jeanne ; ses père et mère estoient
« Jacques d'Arc et *Isabeau Gautier* (pour Isabelle Romée) ; le lieu de
« sa naissance, *une ferme* au village de *Danremy* (au lieu de Domremy),
« tout proche Vaucouleurs (et il y a 10 lieues).

R. Je ne le dirai à nul que s'il veut m'entendre en confession (1).

Cette dernière réponse, qui a quelque fierté, peint Jeanne d'Arc tout entière.

Elle avait beaucoup d'esprit naturel, toujours de l'à-propos, du jugement, et elle déconcerta plus d'une fois, pendant son procès inique, ses juges, ou plutôt ses bourreaux.

Rien ne la faisait varier dans ses réponses, c'était toujours la même simplicité et la même assurance.

« Je sçais ne A, ne B, disait-elle, mais je viens de la part « du Roi du ciel! » Et lorsqu'on lui citait des livres pour prouver qu'on ne la devait pas croire : « Il y a plus au livre de mes« sire Dieu qu'aux vôtres, répondait-elle (2). »

On lui demande si elle se croit dans la grâce de Dieu, et elle dit : « Si je n'y suis pas, je prie Dieu de m'y mettre ; si j'y suis, « je prie Dieu de m'y conserver. »

L'infortunée prisonnière continuait à être soumise à des interrogatoires dont ses perfides ennemis se promettaient de tirer parti ; « mais elle les déconcertait par des réponses pleines de « sens et de sagesse, ou par des mots sublimes (3). » Tous les manuscrits, toutes les chroniques en font foi, et ce fut ainsi que la jeune fille si Française, et non pas *Lorraine*, si chrétienne, si patriote, « après être passée de la foi à l'héroïsme, passa de « l'héroïsme au martyre (4). » Il arriva ce martyre, la honte des Anglais et de ses juges... et ses dernières paroles furent : « Oh ! « Rouen, est-ce ici que je dois mourir ? j'ai bien peur que tu « ne souffres de ma mort! » Puis elle monta courageusement sur le bûcher.... Quelques instants après les flammes succédèrent à la fumée, et le dernier mot qu'on lui entendit prononcer fut

---

(1) MEZERAY, *Histoire de France,* page 250.
(2) *Chroniques de Jeanne d'Arc,* ouvrage paru en 1840 (BOULLAND et BABEL), chez J. Renouard, rue de Tournon.
(3) Ouvrage de M. JOLLOIS, déjà cité.
(4) Voir l'ouvrage de QUICHERAT, *Procès de la Pucelle,* paru récemment, et celui d'ALEXANDRE DUMAS.

celui de Jésus, « et ces choses se passèrent le trentième jour de
« mai 1431 (1). »

« Adieu, vierge inspirée ! Tu vins parmi nous, et dans cette
« ville même, comme un ange protecteur ; Dieu, qui te destinait
« à devenir un Messie de liberté, *te fit sortir de l'humble hameau*
« *aujourd'hui aussi célèbre que les plus grandes cités de l'anti-*
« *quité !...* Devant toi tombèrent les citadelles, s'enfuirent les
« soldats couverts d'armures de fer et d'airain ; tu passas pure,
« modeste, à travers les enivrements de la fortune et de la
« gloire, et quand la délivrance fut accomplie, tu la scellas de
« ton sang (2) ! » Voilà, Messieurs, celle qui ne fut pas assez
connue, assez appréciée par les écrivains de différentes époques ;
leur goût n'était pas pour cette simplicité si admirable, ce dévoû-
ment si chrétien, ce courage si sublime : ils ne purent exalter ce
qu'ils ne comprenaient pas.

Voyons maintenant si les beaux-arts ou ceux qui les cultivent,
et qui doivent par les monuments conserver les grands souvenirs
de la patrie, ont été plus heureux, et rentrons pour cela dans le
texte même du programme.

La justice qui avait été refusée à Jeanne d'Arc pendant sa vie
devait lui être accordée après sa mort : l'histoire reproche peut-
être un peu trop vite et trop légèrement au roi qu'elle remit si
miraculeusement sur son trône et qu'elle fit sacrer à Reims, de
l'avoir oubliée. Il ne fit que négliger trop long-temps, il est vrai,
et au moment de son procès, ce devoir sacré ; mais aussitôt que
la ville de Rouen (3) fut remise au pouvoir des Français, Charles VII y fit son entrée, et l'on porta à côté de lui son *étendard
d'accompagnement,* usage que nous retrouvons dans ces temps
voisins du moyen-âge, et cet étendard, qui avait été rouge à

---

(1) ALEXANDRE DUMAS.

(2) Souvenir de l'ouvrage intitulé : *Orléans au XVe siècle, ou la France
sauvée* : M. FOUSSETTE.

(3) Rouen, la capitale de la Normandie, fut reprise en 1451, après
trente et un ans d'occupation anglaise ; le roi y fit de suite son entrée, etc.
MEZERAY, page 263.

Reims, avec des flammes d'or et la devise : *Espérance en Dieu!* fut, en signe de deuil et en souvenir du martyre de Jeanne, formé de *damas noir* avec les mêmes flammes et la même devise (1).

Incontinent, le roi (disent les chroniques) ordonna l'enquête pour la révision du procès, et elle fut conduite avec tant de conscience et une si sévère impartialité, qu'il ne s'est trouvé personne qui ait osé l'attaquer.

Le 17 novembre 1455, la mère de Jeanne d'Arc, accompagnée des frères et de plusieurs parents de la victime, se présenta, les yeux en larmes, devant les juges, demandant humblement justice pour son enfant innocente qu'elle avait élevée dans la crainte de Dieu, et que les ennemis, par haine du roi, avaient condamnée et exécutée comme hérétique, contrairement à la conscience et à l'équité. Alors commença l'enquête.

Les dépositions, au nombre de 144, conservées jusqu'à ce jour, proviennent des plus nobles princes, des plus célèbres capitaines et des plus braves chevaliers de France, aussi bien que des pauvres paysans de Domrémy ; puis, dans une assemblée solennelle, en présence de la mère et des frères de Jeanne, dans le palais épiscopal de Rouen.... de Rouen, qui avait reçu le dernier soupir et les derniers adieux de l'héroïne, l'archevêque de Reims (2) prononça la sentence de réhabilitation.

Un des articles du jugement disait qu'*une croix* serait placée au lieu de l'exécution en souvenir perpétuel de ce terrible événement. Voilà donc le *premier monument* élevé à Jeanne d'Arc. Elle rappela cette simple croix, celle que baisa la victime au moment du supplice, et qu'un soldat avait formée avec deux morceaux de bois. Enfin un monument en pierre vint remplacer cette croix qu'on eût dû conserver. On voulut, en 1792, détruire ce

---

(1) Le dessin ou *fac-simile* de ces étendards font partie de la collection faite par M. Pernot, auteur de ce Mémoire, des 1,500 dessins des bannières, drapeaux et étendards de la monarchie française, ouvrage vraiment national, placé aux Invalides, où on peut le voir facilement tous les jours, vers une heure après-midi.

(2) L'archevêque de Reims était de ceux qui, dans le commencement, combattaient la mission de Jeanne d'Arc ; cependant il entra à Reims sous la protection de celle-ci, le 16 juillet 1429.

souvenir si historique ; mais le maire de Rouen le sauva par une présence d'esprit (qui trouvera, je le pense, l'approbation du Congrès), en disant « que Jeanne d'Arc était du *tiers-état* et « qu'à ce titre on devait honorer sa mémoire. »

La ville au sein de laquelle nous avons le bonheur de prononcer ces paroles voulut aussi être reconnaissante, avoir son monument et ses souvenirs (1) ; ils existent encore, Messieurs, dans la fondation religieuse du 8 mai, fête anniversaire de la délivrance d'Orléans, cérémonie trop patriotique pour qu'elle disparaisse jamais.

N'oublions pas non plus de dire que cette cité posséda long-temps sur le pont (2) un monument en bronze placé sur le lieu même qui vit fuir les Anglais pour toujours. Il est trop connu dans ces lieux pour que nous vous en entretenions. Moins heureux que celui de Rouen, il disparut dans la tempête ; il en fut de même pour un autre monument plus modeste, mais de la même forme et en pierre que l'on vit long-temps dans nos contrées, sur le pont d'une rivière qui séparait la Lorraine de la Champagne, la Champagne, si fière et si heureuse, je le répète, d'avoir donné le jour à Jeanne d'Arc.

Enfin, les sentiments de cette tardive reconnaissance universelle qui se conserve malgré les révolutions trop empressées quelquefois à déchirer les belles pages de notre histoire, ces sentiments légitimes se manifestèrent d'une manière bien éclatante et bien honorable, lorsque le roi Louis XVIII dota le pauvre village de Domremy d'un monument.

On vit, le 10 septembre 1820, accourir à son inauguration une

---

(1) En 1460, on fit la fondation de la procession aux *Tournelles*. Les détails de cette fête, dont nous parlons dans la note suivante, sont très-bien rendus dans l'ouvrage de M. Jollois.

(2) Jeanne d'Arc, après la victoire, rentra à Orléans par le *pont*, comme elle l'avait prédit le matin. Ce fut sur ce pont qu'on plaça un monument en bronze, et la procession du 8 mai s'y arrêtait ; cette cérémonie fut supprimée en 1790 et à l'époque de la terreur. Rétablie en 1803, avec la noble autorisation de Bonaparte, premier Consul, elle fut honteusement abandonnée en 1830 ; reprise en partie en 1839, on espère la voir incessamment *rétablie*.

— 15 —

députation composée des premiers magistrats d'Orléans. Enfant du pays où sont situés Domremy et Greux, nous fûmes témoin de l'enthousiasme des populations des Vosges, de la Meuse et de la Haute-Marne, en voyant arriver de si loin les dignes représentants d'une ville reconnaissante encore après quatre siècles écoulés.

Peut-être que le monument patriotique qu'on venait inaugurer, saluer (et qu'on eût dû bénir au nom de la religion), peut-être, dis-je, qu'il laissait beaucoup à désirer.

Le savant ingénieur en chef des Vosges, chargé d'en donner le dessin et les plans, se rappela trop les monuments de l'Egypte qu'il avait visités avec nos armées triomphantes, et il ne pensa pas assez à la belle époque du XVe siècle, où l'ogive gracieuse et ses ornements délicats enfantaient des merveilles.

Mais, Messieurs, le plus beau monument, le plus grand, le plus saisissant (si nous pouvons nous exprimer ainsi) fut, à notre avis, *la maison même où naquit Jeanne d'Arc;* précieuse relique que le vrai patriotisme et le plus pur désintéressement conservèrent (1), et où, après une restauration faite avec goût et intelligence, on plaça les deux inscriptions suivantes. Voici la première :

EN 1410
NAQUIT EN CE LIEU JEANNE D'ARC, SURNOMMÉE
LA PUCELLE D'ORLÉANS,
FILLE DE JACQUES D'ARC ET D'ISABELLE ROMÉE.
POUR HONORER SA MÉMOIRE,
LE CONSEIL GÉNÉRAL DES VOSGES A ACQUIS CETTE MAISON,
LE ROI LOUIS 18 EN A ORDONNÉ LA RESTAURATION
ET Y A FONDÉ UNE ÉCOLE D'INSTRUCTION GRATUITE
EN FAVEUR DES JEUNES FILLES DE DOMREMY, DE GREUX
ET AUTRES COMMUNES,

(1) Ce fut un nommé Gerardin (que nous avons connu), ancien militaire, à qui appartenait *la maison* par succession, qui la vendit un prix modéré au Conseil général des Vosges; il en avait refusé un prix deux fois plus élevé offert par un prince allemand un an ou deux après l'invasion. Aussi, ce brave, qui la méritait par ses bons et loyaux services sous les drapeaux, reçut de Louis XVIII la croix de la Légion-d'Honneur.

ET A VOULU QU'UNE FONTAINE ORNÉE DU BUSTE DE L'HÉROÏNE
PERPÉTUAT SON IMAGE ET L'EXPRESSION DE LA RECONNAISSANCE PUBLIQUE.

Voici la seconde inscription ; elle ne doit pas être oubliée dans le lieu où nous prononçons ces paroles :

HOMMAGE A JEANNE D'ARC DE LA DÉPUTATION DE LA VILLE
D'ORLÉANS A DOMREMY,
POUR L'INAUGURATION DU MONUMENT ÉRIGÉ A LA MÉMOIRE
DE CETTE HÉROÏNE, 10 SEPTEMBRE 1820.

Puis sont gravés les noms de MM. de Rocheplatte, maire d'Orléans, de Grémion, premier adjoint, de Noury, membre du conseil municipal, et Rabelleau, conseiller de préfecture, délégué de M. de Riccé, préfet du Loiret.

Plus tard, une statue en bronze d'une moyenne dimension fut envoyée à Domremy par un prince qui aimait les arts et *toutes les gloires de la France* (1).

Il avait alors pour fille ce beau talent qui marcha de pair avec les plus célèbres statuaires de notre époque...., talent qui fit pour les galeries historiques de Versailles une *statue* admirable de pensée et d'exécution, pure et noble image, où l'héroïne d'Orléans, revêtue à la fois de son armure et de sa pudeur, forte dans sa douceur et son calme de l'inspiration religieuse..., nous apparaît comme le complément de la reconnaissance universelle de la France ! Au pied de cette statue on lit encore ces mots en lettres d'or :

JEANNE D'ARC,
PAR LA PRINCESSE MARIE D'ORLÉANS, DONNÉE PAR LE ROI,
SON PÈRE, AU DÉPARTEMENT DES VOSGES
POUR ÊTRE PLACÉE A DOMREMY DANS LA MAISON OU NAQUIT JEANNE D'ARC.

Qu'il soit accordé à celui qui a copié très récemment cette inscription de dire avec quelque fierté que ce fut par ses démarches et par une réclamation légitime faite à propos, que ce petit

(1) Inscription du palais de Versailles, devenu le Musée historique de France.

monument, souvenir triste d'une princesse qui n'est plus, vin orner la chaumière de la bergère champenoise.

Quittons cette vallée si pittoresque et devenue si historique (1) de la Meuse; rentrons dans Orléans et cherchons le monument élevé sous le Consulat et l'Empire à celle qui fut si patriote, si dévouée et si guerrière.

Que pouvons-nous en dire, quoique le programme nous invite à l'aprécier? L'intention fut bonne : la science que nous aimons tous, que nous vous avons vantée en commençant (l'archéologie) n'était pas connue, sans cela elle eût fait justice d'un costume de convention, d'une pose académique outrée et maniérée dans sa simplicité gréco-romaine, en un mot, de son aspect grêle et peu monumental.

Au lieu de prolonger notre juste critique, nous aimons mieux, Messieurs, annoncer une bonne nouvelle, connue déjà, nous le savons, dans la ville d'Orléans; mais le moment du Congrès nous parait très-convenable pour la répandre encore.

(1) Depuis quatre ans, on a découvert sur le territoire de Greux, à la distance de 2 kilomètres de Domremy, les restes d'une chapelle connue sous le nom de chapelle de *Bermont*. On la fait remonter au XIIIe siècle, et la chronique du pays dit que Jeanne d'Arc allait habituellement les samedis en pélerinage à cette chapelle dédiée à Notre-Dame, pour laquelle elle avait une grande vénération, que même elle y a eu des inspirations. Ce petit monument historique, restauré par son propriétaire (M. Saincère, de Bar-le-Duc), possède une cloche fort ancienne sur laquelle est cette inscription, ne présentant que les lettres initiales de chaque mot; elle est ainsi : A. V. E. M. P. E. I. A. † D. E. A. A. P. M. † A. N. G. T. † *Ad virginem e manibus populi extrahentem imperium anglicani* † *dedicatum est apud agrum post mortem* † *ab nominis gloriam tintinnabulum.* † « Cette petite cloche a été dédiée, « après sa mort, pour la gloire de son nom, à la vierge qui a arraché le gou- « vernement des mains du peuple anglais. » On attend depuis long-temps dans le pays que M. le Ministre de l'intérieur, prévenu depuis cinq ans, décide que cette chapelle soit classée (comme la maison de Domremy), parmi les monuments historiques, et que pour cela elle soit visitée par M. l'Inspecteur général dans une de ses tournées. (*Note communiquée à M. Pernot par M. Durand, curé de Domremy et chanoine honoraire d'Orléans.*)

— 18 —

Un jour (et bientôt sans doute) nous contemplerons les traits, la stature imposante, la pose toute martiale et inspirée à la fois de celle qui entra dans vos murs en libératrice et qui sauva la patrie; nous admirerons la production historique d'un confrère, d'un ami (1), d'un homme qui aime les beaux souvenirs de nos annales autant que son art, dans lequel il excelle.... et nous pourrons tous nous écrier, sur cette même place qui vit la jeune vierge triomphante il y a quatre cents ans :

Salut! noble image digne de cette grande monarchie française de toutes les époques et à laquelle nous devrons toujours tout ce que nous serons!...

« Salut! toi qui apparus au moment le plus désespéré pour « remplir une sainte mission (2). » Salut et bénédiction encore à toi qui relevas les courages abattus, qui ranimas la vieille gloire nationale qui s'enchaînait si bien depuis Clovis, Charlemagne, jusqu'à l'éclat chevaleresque des croisades et même de ces guerres malheureuses que tu vins terminer d'une manière miraculeuse, en chassant devant toi l'étranger comme le vent chasse les feuilles desséchées!

Malheur à la France, si elle oubliait, dans un délire même passager, ces vieux souvenirs, puis sa vieille gloire qui, loin de la diminuer, ennoblit et grandit la nouvelle!...

O Jeanne!

« Voici plus de quatre siècles que tu as contribué par ta vail-
« lance au salut d'*Orléans,* au salut de la France... Et depuis
« cette époque, la religion avait gardé ta mémoire avec un
« amour, je dirais presque un orgueil maternel.... Enfin elle n'a
« cessé de répéter en toute manière, pendant le cours des géné-
« rations, les paroles reconnaissantes que la ville de Béthulie
« adressait à sa libératrice :

(1) M. Foyatier, chevalier de la Légion-d'Honneur, auteur de la belle statue de Spartacus, placée dans le jardin des Tuileries.
(2) Paroles du prince Louis-Napoléon, président de la République française, prononcées à Beauvais en 1851, à l'époque de l'inauguration de la statue de Jeanne Hachette.

— 19 —

« Vous êtes, après les saints de Dieu, la gloire, la joie et
« l'honneur de votre peuple (1). »

Oui, élevons ce monument majestueux et digne de la reconnaissance d'une grande nation et d'une cité célèbre. O Jeanne !

> Puisse-t-il, consacrant ta popularité,
> Prouver long-temps du moins à la postérité
> Qu'aussi bien que la Grèce et l'antique Ausonie,
> La France honore, excite, enfante le génie !
> Eh ! qui ne sentirait à ton grand souvenir
> Fermenter dans son âme un fécond avenir,
> Et d'un divin transport la lyre réchauffée,
> Frémir d'enthousiasme en touchant ton trophée (2) ?

(1) Ce passage de l'éloquent discours de Mgr l'évêque de Beauvais au moment de la bénédiction de la statue de Jeanne Hachette a été trouvé si admirable par nous, et pouvant s'appliquer à celle qui s'appelait *Jeanne* aussi, que nous l'avons conservé en entier en ne changeant que le nom de la ville.

(2) BIGNAN, lauréat de l'Académie française en 1840.

Nota. Ce Mémoire a été lu trois fois pendant le Congrès scientifique d'Orléans, qui a tenu ses séances du 10 au 22 septembre 1851.

www.ingramcontent.com/pod-product-compliance
Lightning Source LLC
Chambersburg PA
CBHW071425060426
42450CB00009BA/2033